La promesse du pin gris

Mathew K. Williamson

Textes : Mathew K. Williamson

Direction littéraire : Anthony Lacroix

Correction : Pierrette Denault

Illustrations : Émilie Pedneault

Graphisme : Marie-Hélène Montigny

Dépôt légal 2023

Bibliothèque et Archives nationales du Québec

ISBN : 978-2-925073-10-9

 fondtonne.ca

À Gisèle et Jeanne
pour avoir calmé mes angoisses

[…] tout le malheur des hommes vient d'une seule chose, qui est de ne savoir demeurer en repos, dans une chambre.

-Blaise Pascal

Give me
One more medicated peaceful moment
And I don't wanna feel this overwhelming
Hostility

-Maynard James Keenan

de la fenêtre je vois ma voiture

en souffrance

j'ai hâte

à l'hiver pour me plaindre

la lumière s'affaiblit par millisecondes

une chatte fait ses griffes

sur un bout de bois mouillé

je vise le luxe de vivre

dans l'ignorance

lorsque la lune arrache

un bout de tonnerre

une garantie arithmétique en moi

se repose et j'annonce ma carence

les ours filtrent leurs phéromones

dans la tente ma solitude se mue

en cible

comme autant de massacres

les cris de la Baie-des-Chaleurs disloquent

l'ordre des vagues

avec la houle je distille mes larmes

en pulsations génocidaires

je veux

écrire un testament à toutes

les saisons

sous mes cicatrices
un réverbère clignote
couvrant mon monde d'un glaucome
souvent je m'enterre avec
mon hypocondrie

un chien jappe devant ma solitude
consoler la mer quand elle caresse
mes genoux
l'oubli donne vie
à ces quelques coquillages

au loin les montagnes

muet je ne peux

crier sur les arbres

plusieurs troncs engorgent

le cimetière ligneux

dans la mer des décédés

l'oiseau dort

renflé il plaide le passage du temps

je ne suis plus

qu'une terre en jachère

un poumon s'atrophie au rythme

de la fonte des glaciers

autour de moi

un chien renonce à

devenir l'éclaireur

d'une vie perdue

la coriandre trépasse avec
sa dernière photosynthèse
l'hostilité passagère d'un deuil
en déclin je trébuche
de culpabilité
je suis là respirant
devant le rocher
les rives craignent
la lourdeur des vagues

concède la victoire

je me noie dans le calme inexistant

à ma porte l'océan monte

pour collaborer avec

le passage du temps

en mouvement devant les yeux
je m'interromps une seconde
compter les écureuils
l'utopie métamorphosée en conifère
j'adhère aux pensées
modifiées par le tonnerre qui gronde
minuit et deux
comment illuminer la marginalité
d'une épinette

un bruit de gorge
sans sourire je confine
l'errance gaspésienne
les grimaces arrachent
ma détresse
en accumulant une forêt
de syndromes

la même marmotte passe

et repasse sans cesse

je ne croyais jamais

disparaître dans l'infinitude d'une fibrose

devant l'ombre j'élabore

une myopie où j'humilie la brume

le cabanon détruit
héberge des terriers
comme moi ces habitants espèrent
l'ondulation du vent
d'un signe de tête
je me surprends à remercier
le hurlement sous mes rides

s'esquisse un autre océan infecté

de mucus à la menthe

la forêt crépite en consolant mon larynx

face à la douleur

je tricote mes lèvres

pour esquiver la bronchite

en écoutant mes grognements

un chien reconnaît l'urgence

de déranger sa pneumonie

ma cour se sépare en deux camps

une suite de déjà-vu

pour horripiler le calme

d'une mâchoire

j'analyse les psoriasis
de nos peurs en divisant
les branches éparpillées
le fleuve comme clôture
je soulève les secrets
pour étouffer l'arthrose

je ne veux plus être celui
qu'on laisse s'enliser
dans le bitume lorsque
je jongle avec
mes cent pas

aujourd'hui un vieillard

me salue

il cherche une conversation

qui changera sa vie

ses yeux bruns regardent le trottoir

pour nous deux

il s'attriste jusqu'au prochain solstice

le basilic ne pousse plus

une araignée analyse

obsédée par sa toile

une mouche vole tout près entêtée

je fais bouillir de l'eau

dehors la pluie s'acharne

à omettre la psychose du vent

d'un coup de pelle toutes mes erreurs

s'agglutinent sans déranger

son horloge convoite l'immobilité
et je pourchasse mon effacement
j'idéalise l'inaction des particules
tant que cet arbuste désespère
entre deux pins blancs

la corneille vole la bouche pleine

l'hiver arrive en cicatrice

la débâcle massacre nos rêves d'enfants

je me sauve par la porte à la fenêtre brisée

en fermant les yeux

sur mes acouphènes

je me réchauffe

à temps pour repartir me morfondre

sous les applaudissements

des peupliers faux-trembles

assis sur le banc détrempé

mon enclos se fabrique

les nuits reviennent à demeure

je me le répète

mais les colverts ne partent

jamais seuls

la pluie ravage les journaux
et je flâne devant une grange détruite
depuis quand le désir d'infliger
des points de suture aux oiseaux inonde
mes méditations
dans l'ombre une abeille butine
sans attendre de compliments

j'enfile mon chandail en m'imaginant participer à
une tornade

les mystères derrière les mots tourbillonnent

aujourd'hui une louve allaite

demain les mémoires succomberont

je hurle par pulsation pour secourir

les derniers bouleaux

le fleuve berce l'exécution muette
suis-je un virus silencieux
quelque chose m'échappe
lorsqu'un moustique exécute
son plan
rempli de serments perforés
je dois apprendre à guérir
mes excroissances

quelques pellicules tombent sur la houle
dessinent le monde sur des chevreuils
une pensée s'éteint dans un sursaut
l'invalidité d'une écorce avant
le conflit

de la fenêtre du salon

je regarde un homme siffler sa bière

fatigué d'anticiper une voix s'entremêle

il tire sur ses dents

de vieux clous ravagés par la peine

il veut s'inventer une éruption

un volcan

une maladie

pour survivre à

une récidive

essoufflé je houspille
quand la montagne
me protégeait des civils
je parlais
aux étoiles et
j'attendais
les cerfs de Virginie
pour nourrir mon errance

la vanité des arbres arrose

l'enveloppe des cadavres

un pic mineur décrète l'état d'urgence

sur les peupliers faux-trembles oubliés

assis je calcule l'hypoténuse des nuages

pourquoi renommer tous mes sommeils lorsque

les souvenirs de dépression

coagulent à marée haute

d'une blessure je savoure

une autre inflammation

dans ma paume je coule un café noir

j'indique de l'index la falaise

de mémoire mes dernières sinistroses opacifient

ma lassitude

les radars d'un ciel

immobilisent le golfe

j'irai d'un seul souffle

nourrir mes frayeurs

en improvisant mes questions

devant la mer

mon cœur goûte la tempête

j'assassine les laitues

un geai bleu chute

devant ma fenêtre

son premier malheur

n'aura pas de procès

sur mon front l'averse minimise sa force

les fourmis traversent

mes rides pour unique habitat

et savent tirer seules les leçons

du passé

une méditation
j'épluche les patates pour combattre
mes phobies en amoncelant les pelures
de mon visage me convaincre de nourrir
le chien avant qu'il tourne en rond

mes voies respiratoires
partagent l'oxygène avec le golfe
je compte les vagues
mais personne ne voit
la solitude de l'épinette
quand je déserte avec
le spleen des morues

les feuilles
lasses d'un érable entament leur dernière chute
pendant que mes anesthésies
veulent dialyser les solitudes
ne me regarde plus
maîtriser ma pénombre

je pleure pour brouiller mes myodésopsies

sans empêcher la chouette d'abîmer

l'existence d'une souris

ma chute attend

le vacarme du remous lorsque

ma honte engraisse l'éphémère

en cachette
je n'ai plus peur de voir les merveilles
de la neurasthénie
et puis
me laisser trembler au choc
des verres je digère
l'empoisonnement

sur ma peau

les plis s'accentuent au surgissement

de mes angoisses gonflées

je me dispute avec ma gêne

mon insomnie revoir mon cerveau à l'œuvre

j'attendrai mon tour

en saluant mon tueur

paupières closes

et mains devant les yeux

j'entends les nombres

grimper dans mon univers noir

sous un ciel étoilé

la lune guide toujours mes incendies

mais je sais que mes rêves

apaiseront mon brouillard

sous la neige tombe l'oubli
je chasse mes promesses non tenues
l'inquiétude précaire délasse mes
monstres d'apnée
le chagrin de ne plus m'émerveiller
devant mes tempêtes

au réveil
plusieurs matins auront
effacé mes pas
une désolation à la fois
je compterai à voix base
les 31 000 kilomètres carrés
de la péninsule